I0712038

Syllabus

Índice de los principales errores de nuestro siglo

Papa PÍO IX

Syllabus
Índice de los principales errores de nuestro siglo

1.ª edición: julio de 2023

© San Lino Libros

Traducción: R. F. Benet

ISBN: 979-8853-231-26-9
Impreso en la Unión Europea

Impresión, venta y distribución: Amazon Media EU S.à r.l.

✠

Pius PP. IX

Carta con que se envía el *Syllabus* a todos los obispos católicos

Muy Ilustre y Reverendo Señor:

Nuestro Santísimo Señor Pío IX, Pontífice Máximo, no ha cesado nunca, movido de su grande solicitud por la salud de las almas, y por la pureza de la doctrina, de proscribir y condenar desde los primeros días de su Pontificado, los principales errores y las falsas doctrinas que corren particularmente en nuestros miserables tiempos, así en sus cartas Encíclicas y Alocuciones Consistoriales, como en otras Cartas Apostólicas dadas al intento. Pero pudiendo tal vez ocurrir que todos estos actos pontificios no lleguen a noticia de cada uno de los reverendos Obispos, determinó Su Santidad que se compilase un Sílabo de los mismos errores, para ser comunicado a todos los Obispos del mundo católico, a fin de que los mismos Prelados tuviese a la vista todos los errores y perniciosas doctrinas reprobados y condenados por Su Santidad; previniéndome luego a mí que hiciese que este Sílabo impreso fuese remitido a vuestra reverencia al propio tiempo y ocasión en que el mismo Pontífice Máximo, movido de su gran solicitud por la salud y bien de la Iglesia católica y de toda la grey del Señor divinamente confiada a su cuidado, creyó deber escribir una carta Encíclica a todos los Obispos católicos. Para cumplir, por tanto, como es debido, con toda diligencia y rendimiento las órdenes del Sumo Pontífice, remito a vuestra reverencia el mismo Sílabo, junto con esta carta; aprovechando la presente coyuntura para daros testimonio de los sentimientos de mi gran reverencia y adhesión, y repetirme, besando humildemente su mano, por su muy humilde y afectísimo siervo,

G. Cardenal Antonelli.

Roma, 8 de diciembre de 1864.

Syllabus errorum complectens praecipuos nostrae aetatis errores

Índice de los principales
errores de nuestro siglo
ya notados en las Alocuciones
Consistoriales y otras Letras Apostólicas
de Nuestro Santísimo Padre Pío IX

Proposiciones

§ I.
Panteísmo, Naturalismo
y Racionalismo absoluto

I. No existe ningún Ser divino [*Numen divinum*], supremo, sapientísimo, providentísimo, distinto de este universo, y Dios no es más que la naturaleza misma de las cosas, sujeto por lo tanto a mudanzas, y Dios realmente se hace en el hombre y en el mundo, y todas las cosas son Dios, y tienen la misma idéntica sustancia que Dios; y Dios es una sola y misma cosa con el mundo, y de aquí que sean también una sola y misma cosa el espíritu y la materia, la necesidad y la libertad, lo verdadero y lo falso, lo bueno y lo malo, lo justo y lo injusto.

(Alocución *Maxima quidem*, 9 junio 1862)

II. Dios no ejerce ninguna manera de acción sobre los hombres ni sobre el mundo.

(Alocución *Maxima quidem*, 9 junio 1862)

III. La razón humana es el único juez de lo verdadero y de lo falso, del bien y del mal, con absoluta independencia de Dios; es la ley de sí misma, y le bastan sus solas fuerzas naturales para procurar el bien de los hombres y de los pueblos.

(Alocución *Maxima quidem*, 9 junio 1862)

IV. Todas las verdades religiosas dimanan de la fuerza nativa de la razón humana; por donde la razón es la norma primera por medio de la cual puede y debe el hombre alcanzar todas las verdades, de cualquier especie que estas sean.

(Encíclica *Qui pluribus*, 9 noviembre 1846)
(Encíclica *Singulari quidem*, 17 Marzo 1856)
(Alocución *Maxima quidem*, 9 junio 1862)

V. La revelación divina es imperfecta, y está por consiguiente sujeta a un progreso continuo e indefinido correspondiente al progreso de la razón humana.

(Encíclica *Qui pluribus*, 9 noviembre 1846)
(Alocución *Maxima quidem*, 9 junio 1862)

VI. La fe de Cristo se opone a la humana razón; y la revelación divina no solamente no aprovecha nada, pero también daña a la perfección del hombre.

(Encíclica *Qui pluribus*, 9 noviembre 1846)
(Alocución *Maxima quidem*, 9 junio 1862)

VII. Las profecías y los milagros expuestos y narrados en la Sagrada Escritura son ficciones poéticas, y los misterios de la fe cristiana resultado de investigaciones filosóficas; y en los libros del antiguo y del nuevo Testamento se encierran mitos; y el mismo Jesucristo es una invención de esta especie.

(Encíclica *Qui pluribus*, 9 noviembre 1846)
(Alocución *Maxima quidem*, 9 junio 1862)

§ II.
Racionalismo moderado

VIII. Equiparándose la razón humana a la misma religión, síguese que las ciencias teológicas deben de ser tratadas exactamente lo mismo que las filosóficas.

(Alocución *Singulari quadam perfusi*, 9 diciembre 1854)

IX. Todos los dogmas de la religión cristiana sin distinción alguna son objeto del saber natural, o sea de la filosofía, y la razón humana históricamente sólo cultivada puede llegar con sus solas fuerzas y principios a la verdadera ciencia de todos los dogmas, aun los más recónditos, con tal que hayan sido propuestos a la misma razón.

(Carta al Arzobispo de Frisinga *Gravissimas*, 11 diciembre 1863)
(Carta al mismo *Tuas libenter*, 21 diciembre 1863)

X. Siendo una cosa el filósofo y otra cosa distinta la filosofía, aquel tiene el derecho y la obligación de someterse a la autoridad que él mismo ha probado ser la verdadera; pero la filosofía no puede ni debe someterse a ninguna autoridad.

(Carta al Arzobispo de Frisinga *Gravissimas*, 11 diciembre 1863)
(Carta al mismo *Tuas libenter*, 21 diciembre 1863)

XI. La Iglesia no sólo debe corregir jamas a la filosofía, pero también debe tolerar sus errores y dejar que ella se corrija a sí misma.

(Carta al Arzobispo de Frisinga *Gravissimas*, 11 diciembre 1863)

XII. Los decretos de la Sede apostólica y de las Congregaciones romanas impiden el libre progreso de la ciencia.

(Carta al Arzobispo de Frisinga *Tuas libenter*, 21 diciembre 1863)

XIII. El método y los principios con que los antiguos doctores escolásticos cultivaron la Teología, no están de ningún modo en armonía con las necesidades de nuestros tiempos ni con el progreso de las ciencias.

(Carta al Arzobispo de Frisinga *Tuas libenter*, 21

diciembre 1863)

XIV. La filosofía debe tratarse sin mirar a la sobrenatural revelación.

(Carta al Arzobispo de Frisinga *Tuas libenter*, 21 diciembre 1863)

N.B. Con el sistema del racionalismo están unidos en gran parte los errores de Antonio Günter, condenados en la carta al Cardenal Arzobispo de Colonia *Eximiam tuam* de 15 de junio de 1847, y en la carta al Obispo de Breslau *Dolore haud mediocri*, 30 de abril de 1860.

§ III.
Indiferentismo. Latitudinarismo

XV. Todo hombre es libre para abrazar y profesar la religión que guiado de la luz de la razón juzgare por verdadera.

(Letras Apostólicas *Multiplices inter*, 10 junio 1851)
(Alocución *Maxima quidem*, 9 junio 1862)

XVI. En el culto de cualquiera religión pueden los hombres hallar el camino de la salud eterna y conseguir la eterna salvación.

(Encíclica *Qui pluribus*, 9 noviembre 1846)
(Alocución *Ubi primum*, 17 diciembre 1847)
Encíclica *Singulari quidem*, 17 Marzo 1856)

XVII. Por lo menos, deben tenerse esperanzas fundadas de la eterna salvación de todos aquellos que no están en la verdadera Iglesia de Cristo.

(Alocución *Singulari quadam*, 9 diciembre 1854)
(Encíclica *Quanto conficiamur* 17 agosto 1863)

XVIII. El protestantismo no es más que una forma diversa de la misma verdadera Religión cristiana, en la cual, lo mismo que en la Iglesia, es posible agradar a Dios.

(Encíclica *Noscitis et Nobiscum* 8 diciembre 1849)

§ IV.
Socialismo, Comunismo, Sociedades
secretas, Sociedades bíblicas,
Sociedades clérico-liberales

Tales pestilencias han sido muchas veces
y con gravísimas sentencias reprobadas
en la Encíclica *Qui pluribus*, 9 de
noviembre de 1846; en la
Alocución *Quibus quantisque*, 20 de abril
de 1849; en la Encíclica *Noscitis et
Nobiscum*, 8 de diciembre de 1849; en la
Alocución *Singulari quadam*, 9 de
diciembre de 1854; en la
Encíclica *Quanto conficiamur maerore*,
10 de agosto de 1863.

Errores acerca de la Iglesia
y sus derechos

XIX. La Iglesia no es una verdadera y perfecta sociedad, completamente libre, ni está provista de sus propios y constantes derechos que le confirió su divino fundador, antes bien corresponde a la potestad civil definir cuales sean los derechos de la Iglesia y los límites dentro de los cuales pueda ejercitarlos.

(Alocución *Singulari quadam*, 9 diciembre 1854)
(Alocución *Multis gravibusque*, 17 diciembre 1860)
(Alocución *Maxima quidem*, 9 junio 1862)

XX. La potestad eclesiástica no debe ejercer su autoridad sin la venia y consentimiento del gobierno civil.

(Alocución *Meminit unusquisque*, 30 septiembre 1861)

XXI. La Iglesia carece de la potestad de definir dogmáticamente que la Religión de la Iglesia católica sea únicamente la verdadera Religión.

(Letras Apostólicas *Multiplices inter*, 10 junio 1851)

XXII. La obligación de los maestros y de los escritores católicos se refiere sólo a aquellas materias que por el juicio infalible de la Iglesia son propuestas a todos como dogma de fe para que todos los crean.

(Carta al Arzobispo de Frisinga *Tuas libenter*, 21 diciembre 1863)

XXIII. Los Romanos Pontífices y los Concilios ecuménicos se salieron de los límites de su potestad, usurparon los derechos de los Príncipes, y aun erraron también en definir las cosas tocantes a la fe y a las costumbres.

(Letras Apostólicas *Multiplices inter*, 10 junio 1851)

XXIV. La Iglesia no tiene la potestad de emplear la fuerza, ni potestad ninguna temporal directa ni indirecta.

(Letras Apostólicas *Ad Apostolicae*, 22 agosto 1851)

XXV. Fuera de la potestad inherente al Episcopado, hay otra temporal, concedida a los Obispos expresa o tácitamente por el poder civil, el cual puede por consiguiente revocarla cuando sea de su agrado.

(Letras Apostólicas *Ad Apostolicae*, 22 agosto 1851)

XXVI. La Iglesia no tiene derecho nativo legítimo de adquirir y poseer.

(Alocución *Nunquam fore*, 15 diciembre 1856)
(Encíclica *Incredibile*, 17 septiembre 1863)

XXVII. Los sagrados ministros de la Iglesia y el Romano Pontífice deben ser enteramente excluidos de todo cuidado y dominio de cosas temporales.

(Alocución *Maxima quidem*, 9 de junio de 1862)

XXVIII. No es lícito a los Obispos, sin licencia del Gobierno, ni siquiera promulgar las Letras apostólicas.

(Alocución *Nunquam fore*, 15 diciembre 1856)

XXIX. Deben ser tenidas por írritas las gracias otorgadas por el Romano Pontífice cuando no han sido impetradas por medio del Gobierno.

(Alocución *Nunquam fore*, 15 diciembre 1856)

XXX. La inmunidad de la Iglesia y de las personas eclesiásticas trae su origen del derecho civil.

(Letras Apostólicas *Multiplices inter*, 10 junio 1851)

XXXI. El fuero eclesiástico en las causas temporales de los clérigos, ahora sean estas civiles, ahora criminales, debe ser completamente abolido aun sin necesidad de consultar a la Sede Apostólica, y a pesar de sus reclamaciones.

(Alocución *Acerbissimum*, 27 septiembre 1852)
(Alocución *Nunquam fore*, 15 diciembre 1856)

XXXII. La inmunidad personal, en virtud de la cual los clérigos están libres de quintas y de los ejercicios de la milicia, puede ser abrogada sin violar en ninguna manera el derecho natural ni la equidad;

antes el progreso civil reclama esta abrogación, singularmente en las sociedades constituidas según la forma de más libre gobierno.

(Carta al Obispo de Monreale *Singularis Nobisque*, 27 septiembre 1864)

XXXIII. No pertenece únicamente a la potestad de jurisdicción eclesiástica dirigir en virtud de un derecho propio y nativo la enseñanza de la Teología.

(Letras Apostólicas *Ad Apostolicae*, 22 agosto 1851)

XXXIV. La doctrina de los que comparan al Romano Pontífice a un Príncipe libre que ejercita su acción en toda la Iglesia, es doctrina que prevaleció en la edad media.

(Letras Apostólicas *Ad Apostolicae*, 22 agosto 1851)

XXXV. Nada impide que por sentencia de algún Concilio general, o por obra de todos los pueblos, el sumo Pontificado sea trasladado del Obispo romano y de Roma a otro Obispo y a otra ciudad.

(Letras Apostólicas *Ad Apostolicae*, 22 agosto 1851)

XXXVI. La definición de un Concilio nacional no puede someterse a ningún examen, y la administración civil puede tomarla como norma irreformable de su conducta.

(Letras Apostólicas *Ad Apostolicae*, 22 agosto 1851)

XXXVII. Pueden ser instituidas Iglesias nacionales no sujetas a la autoridad del Romano Pontífice, y enteramente separadas.

(Alocución Multis gravibusque, 17 diciembre 1860)
(Alocución *Jamdudum cernimus*, 18 marzo 1861)

XXXVIII. La conducta excesivamente arbitraria de los Romanos Pontífices contribuyó a la división de la Iglesia en oriental y occidental.

(Letras Apostólicas *Ad Apostolicae*, 22 agosto 1851)

§ VI.
**Errores tocantes a la sociedad civil
considerada en sí misma
o en sus relaciones con la Iglesia**

XXXIX. El Estado, como origen y fuente de todos los derechos, goza de cierto derecho completamente ilimitado.

(Alocución *Maxima quidem*, 9 de junio de 1862)

XL. La doctrina de la Iglesia católica es contraria al bien y a los intereses de la sociedad humana.

(Encíclica *Qui pluribus*, 9 noviembre 1846)
(Alocución *Quibus quantisque*, 20 abril 1849)

XLI. Corresponde a la potestad civil, aunque la ejercite un Señor infiel, la potestad indirecta negativa sobre las cosas sagradas; y de aquí no sólo el derecho que dicen del Exequatur, sino el derecho que llaman de apelación ab abusu.

(Letras Apostólicas *Ad Apostolicae*, 22 agosto 1851)

XLII. En caso de colisión entre las leyes de una y otra potestad debe prevalecer el derecho civil.

(Letras Apostólicas *Ad Apostolicae*, 22 agosto 1851)

XLIII. La potestad secular tiene el derecho de rescindir, declarar nulos y anular sin consentimiento de la Sede Apostólica y aun contra sus mismas reclamaciones los tratados solemnes (por nombre Concordatos) concluidos con la Sede Apostólica en orden al uso de los derechos concernientes a la inmunidad eclesiástica.

(Alocución *In consistoriali*, 1° noviembre 1850)
(Alocución *Multis gravibusque*, 17 diciembre 1860)

XLIV. La autoridad civil puede inmiscuirse en las cosas que tocan a la Religión, costumbres y régimen espiritual; y así puede juzgar de las instrucciones que los Pastores de la Iglesia suelen dar para dirigir las conciencias, según lo pide su mismo cargo, y puede asimismo hacer reglamentos para la administración de los sacramentos, y sobre las disposiciones necesarias para recibirlos.

(Alocución *In consistoriali*, 1° noviembre 1850)
(Alocución Maxima quidem, 9 de junio de 1862)

XLV. Todo el régimen de las escuelas públicas, en donde se forma la juventud de algún estado cristiano, a excepción en algunos puntos de los seminarios episcopales, puede y debe ser de la atribución de la autoridad civil; y de tal manera puede y debe ser de ella, que en ninguna otra autoridad se reconozca el derecho de inmiscuirse en la disciplina de las escuelas, en el régimen de los estudios, en la colación de los grados, ni en la elección y aprobación de los maestros.

(Alocución *In consistoriali*, 1° noviembre 1850)
(Alocución *Quibus luctuosissimis*, 5 septiembre 1851)

XLVI. Aun en los mismos seminarios del clero depende de la autoridad civil el orden de los estudios.

(Alocución *Nunquam fore*, 15 diciembre 1856)

XLVII. La óptima constitución de la sociedad civil exige que las escuelas populares, concurridas de los niños de cualquiera clase del pueblo, y en general los institutos públicos, destinados a la enseñanza de las letras y a otros estudios superiores, y a la educación de la juventud, estén exentos de toda autoridad, acción moderadora e injerencia de la Iglesia, y que se sometan al pleno arbitrio de la autoridad civil y política, al gusto de los gobernantes, y según la norma de las opiniones corrientes del siglo.

(Carta al Arzobispo de Friburgo *Quum non sine*, 14 julio 1864)

XLVIII. Los católicos pueden aprobar aquella forma de educar a la juventud, que esté separada, disociada de la fe católica y de la potestad de la Iglesia, y mire solamente a la ciencia de las cosas naturales, y de un modo exclusivo, o por lo menos primario, los fines de la vida civil y terrena.

(Carta al Arzobispo de Friburgo *Quum non sine*, 14 julio 1864)

XLIX. La autoridad civil puede impedir a los Obispos y a los pueblos fieles la libre y mutua comunicación con el Romano Pontífice.

(Alocución *Maxima quidem*, 9 de junio de 1862)

L. La autoridad secular tiene por sí el derecho de presentar los Obispos, y puede exigirles que comiencen a administrar la diócesis antes que reciban de la Santa Sede la institución canónica y las letras apostólicas.

(Alocución *Nunquam fore*, 15 diciembre 1856)

LI. Más aún, el Gobierno laical tiene el derecho de deponer a los Obispos del ejercicio del ministerio pastoral, y no está obligado a obedecer al Romano Pontífice en las cosas tocantes a la institución de los Obispados y de los Obispos.

(Letras Apostólicas *Multiplices inter*, 10 junio 1851)
(Alocución *Acerbissimum*, 27 septiembre 1852)

LII. El Gobierno puede, usando de su derecho, variar la edad prescrita por la

Iglesia para la profesión religiosa, tanto de las mujeres como de los hombres, e intimar a las comunidades religiosas que no admitan a nadie a los votos solemnes sin su permiso.

(Alocución *Nunquam fore*, 15 diciembre 1856)

LIII. Deben abrogarse las leyes que pertenecen a la defensa del estado de las comunidades religiosas, y de sus derechos y obligaciones; y aun el Gobierno civil puede venir en auxilio de todos los que quieran dejar la manera de vida religiosa que hubiesen comenzado, y romper sus votos solemnes; y puede igualmente extinguir completamente las mismas comunidades religiosas, como asimismo las Iglesias colegiatas y los beneficios simples, aun los de derecho de patronato, y sujetar y reivindicar sus bienes y rentas a la administración y arbitrio de la potestad civil.

(Alocución *Acerbissimum*, 27 septiembre 1852)
(Alocución *Probe memineritis*, 22 enero 1855)
(Alocución *Cum saepe*, 26 julio 1855)

LIV. Los Reyes y los Príncipes no sólo están exentos de la jurisdicción de la Iglesia, pero también son superiores a la Iglesia en dirimir las cuestiones de jurisdicción.

(Letras Apostólicas *Multiplices inter*, 10 junio 1851)

LV. Es bien que la Iglesia sea separada del Estado y el Estado de la Iglesia.

(Alocución *Acerbissimum*, 27 septiembre 1852)

§ VII.
Errores acerca de la moral natural y cristiana

LVI. Las leyes de las costumbres no necesitan de la sanción divina, y de ningún modo es preciso que las leyes humanas se conformen con el derecho natural, o reciban de Dios su fuerza de obligar.

(Alocución *Maxima quidem*, 9 junio 1862)

LVII. La ciencia de las cosas filosóficas y de las costumbres puede y debe declinar o desviarse de la autoridad divina y eclesiástica.

(Alocución *Maxima quidem*, 9 junio 1862)

LVIII. El derecho consiste en el hecho material; y todos los deberes de los hombres son un nombre vano, y todos los hechos humanos tienen fuerza de derecho.

(Alocución *Maxima quidem*, 9 junio 1862)

LIX. No se deben de reconocer más
fuerzas que las que están puestas en la
materia, y toda disciplina y honestidad
de costumbres debe colocarse en
acumular y aumentar por cualquier
medio las riquezas y en satisfacer las
pasiones.

(Alocución *Maxima quidem*, 9 junio 1862)
(Encíclica *Quanto conficiamur*, 10 agosto 1863)

LX. La autoridad no es otra cosa que la
suma del número y de las fuerzas
materiales.

(Alocución *Maxima quidem*, 9 junio 1862)

LXI. La afortunada injusticia del hecho
no trae ningún detrimento a la santidad
del derecho.

(Alocución *Jamdudum cernimus* 18 marzo 1861)

LXII. Es razón proclamar y observar el
principio que llamamos de no
intervención.

(Alocución *Novos et ante*, 28 septiembre 1860)

LXIII. Negar la obediencia a los Príncipes legítimos, y lo que es más, rebelarse contra ellos, es cosa lícita.

(Encíclica *Qui pluribus*, 9 noviembre 1846)
Alocución *Quisque vestrum*, 4 octubre 1847)
(Encíclica *Noscitis et Nobiscum*, 8 diciembre 1849)
(Letras Apostólicas *Cum catholica*, 26 marzo 1860)

LXIV. Así la violación de cualquier santísimo juramento, como cualquiera otra acción criminal e infame, no solamente no es de reprobar, pero también es razón reputarla por enteramente lícita, y alabarla sumamente cuando se hace por amor a la patria.

(Alocución *Quibus quantisque*, 20 abril 1849)

§ VIII.
Errores sobre el matrimonio cristiano

LXV. No se puede en ninguna manera sufrir se diga que Cristo haya elevado el matrimonio a la dignidad de sacramento.

(Letras Apostólicas *Ad Apostolicae*, 22 agosto 1851)

LXVI. El sacramento del matrimonio no es sino una cosa accesoria al contrato y separable de este, y el mismo sacramento consiste en la sola bendición nupcial.

(Letras Apostólicas *Ad Apostolicae*, 22 agosto 1851)

LXVII. El vínculo del matrimonio no es indisoluble por derecho natural, y en varios casos puede sancionarse por la autoridad civil el divorcio propiamente dicho.

(Letras Apostólicas *Ad Apostolicae*, 22 agosto 1851)
(Alocución *Acerbissimum*, 27 septiembre 1852)

LXVIII. La Iglesia no tiene la potestad de introducir impedimentos dirimentes del matrimonio, sino a la autoridad civil compete esta facultad, por la cual deben ser quitados los impedimentos existentes.

(Letras Apostólicas *Ad Apostolicae*, 22 agosto 1851)

LXIX. La Iglesia comenzó en los siglos posteriores a introducir los impedimentos dirimentes, no por derecho propio, sino usando el que había recibido de la potestad civil.

(Letras Apostólicas *Ad Apostolicae*, 22 agosto 1851)

LXX. Los cánones tridentinos en que se impone excomunión a los que se atrevan a negar a la Iglesia la facultad de establecer los impedimentos dirimentes, o no son dogmáticos o han de entenderse de esta potestad recibida.

(Letras Apostólicas *Ad Apostolicae*, 22 agosto 1851)

LXXI. La forma del Concilio Tridentino no obliga bajo pena de nulidad en aquellos lugares donde la ley civil prescriba otra forma y quiera que sea válido el matrimonio celebrado en esta nueva forma.

(Letras Apostólicas *Ad Apostolicae*, 22 agosto 1851)

LXXII. Bonifacio VIII fue el primero que aseguró que el voto de castidad emitido en la ordenación hace nulo el matrimonio.

(Letras Apostólicas *Ad Apostolicae*, 22 agosto 1851)

LXXIII. Por virtud de contrato meramente civil puede tener lugar entre los cristianos el verdadero matrimonio; y es falso que, o el contrato de matrimonio entre los cristianos es siempre sacramento, o que el contrato es nulo si se excluye el sacramento.

(Letras Apostólicas *Ad Apostolicae*, 22 agosto 1851)
(Carta de S.S. Pío IX al Rey de Cerdeña, 9 septiembre 1852)

(Alocución *Acerbissimum*, 27 septiembre 1852)
(Alocución *Multis gravibusque*, 17 diciembre 1860)

LXXIV. Las causas matrimoniales y los esponsales por su naturaleza pertenecen al fuero civil.

(Letras Apostólicas *Ad Apostolicae*, 22 agosto 1851)
(Alocución *Acerbissimum*, 27 septiembre 1852)

N.B. Aquí se pueden dar por puestos los otros dos errores de la abolición del celibato de los clérigos, y de la preferencia del estado de matrimonio al estado de virginidad. Ambos han sido condenados, el primero de ellos en la Epístola *Encíclica Qui pluribus*, 9 de noviembre de 1846, y el segundo en las Letras Apostólicas *Multiplices inter*, 10 de junio de 1851.

§ IX.
Errores acerca del principado civil
del Romano Pontífice

LXXV. En punto a la compatibilidad del reino espiritual con el temporal disputan entre sí los hijos de la cristiana y católica Iglesia.

(Letras Apostólicas *Ad Apostolicae*, 22 agosto 1851)

LXXVI. La abolición del civil imperio, que la Sede Apostólica posee, ayudaría muchísimo a la libertad y a la prosperidad de la Iglesia.

(Alocución *Quibus quantisque*, 20 abril 1849)

N.B. Además de estos errores explícitamente notados, muchos otros son implícitamente reprobados, en virtud de la doctrina propuesta y afirmada que todos los católicos tienen obligación de tener firmísimamente. La cual doctrina se enseña patentemente en la Alocución *Quibus quantisque*, 20 de abril de 1849; en la Alocución *Si semper antea*, 20 de mayo de 1850; en las Letras Apostólicas *Cum catholica Ecclesia*, 26 de marzo de 1860; en la Alocución Novos, 28 de septiembre de 1860; en la Alocución *Jamdudum*, 18 de marzo

de 1861; en la Alocución *Maxima quidem*, 9 de
junio de 1862.

§ X.
Errores relativos
al liberalismo de nuestros días

LXXVII. En esta nuestra edad no conviene ya que la Religión católica sea tenida como la única religión del Estado, con exclusión de otros cualesquiera cultos.

(Alocución *Nemo vestrum*, 26 julio 1855)

LXXVIII. De aquí que laudablemente se ha establecido por la ley en algunos países católicos, que a los extranjeros que vayan allí, les sea lícito tener público ejercicio del culto propio de cada uno.

(Alocución *Acerbissimum*, 27 septiembre 1852)

LXXIX. Es sin duda falso que la libertad civil de cualquiera culto, y lo mismo la amplia facultad concedida a todos de manifestar abiertamente y en público cualesquiera opiniones y pensamientos, conduzca a corromper más fácilmente las costumbres y los ánimos, y a propagar la peste del indiferentismo.

(Alocución *Nunquam fore*, 15 diciembre 1856)

LXXX. El Romano Pontífice puede y debe reconciliarse y transigir con el progreso, con el liberalismo y con la moderna civilización.

(Alocución *Jamdudum*, 18 marzo 1861)

Otras publicaciones de

San Lino Libros

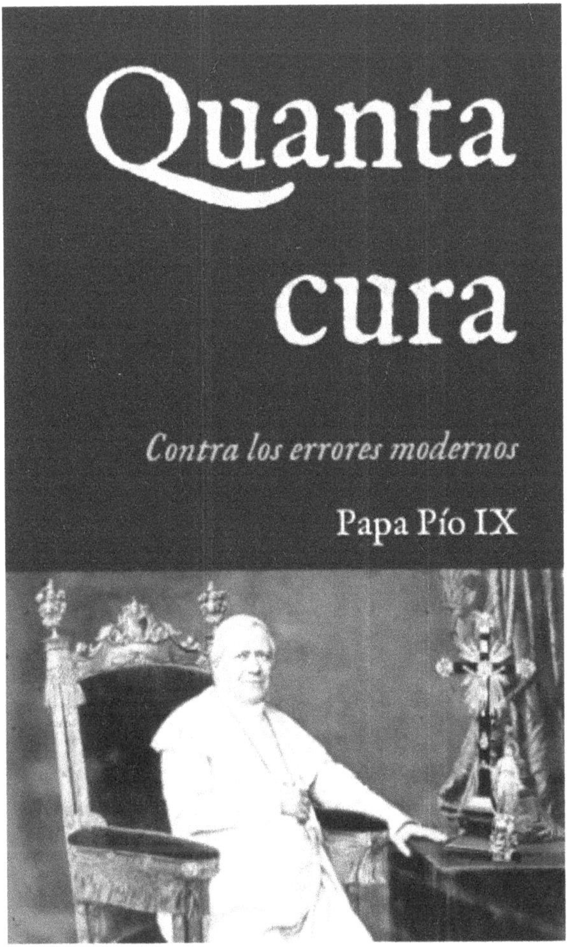

Esta primera edición
de

Syllabus

Índice de los principales

errores de nuestro siglo

se da a la imprenta
el 30 de julio de 2023,
festividad de
San Rufino.

LAUS DEO